Wer seinen Hund oder seine Katze liebt, glaubt auch, ihn oder sie verstehen zu können. Wer diesen Dialog noch perfektionieren möchte, findet in diesem Buch wertvolle Anregungen. Seit Rupert Sheldrakes Aufsehen erregenden Experimenten mit Haustieren weiß man, dass diese nicht nur auf unsere Worte reagieren, sondern unsere Botschaften auch und vor allem intuitiv aufnehmen. Sie verfügen tatsächlich über den so genannten »sechsten Sinn«. Judy Meyer führt ein in die Geheimnisse der Verständigung mit Tieren und stellt ein Schritt-für-Schritt-Programm zur intuitiven Kommunikation mit Tieren vor. Erleben Sie das Abenteuer, Tiere verstehen zu lernen und mit ihnen in einer liebe- und respektvollen Art und Weise zu kommunizieren!

Judy Meyer arbeitet seit über zehn Jahren als Animal Communicator, als Trainerin für intuitive Kommunikation mit Tieren. Sie hat über 800 Klienten in den USA, Kanada und Deutschland und lebt mit ihren sieben Katzen und drei Hunden in Tesuque, New Mexico.

Judy Meyer

Mit Tieren sprechen

Der geheime Schlüssel zur Verständigung

Aus dem Englischen von
Bettina Lemke

Deutscher Taschenbuch Verlag

Judy Meyer bietet Beratungen und Einzelseminare an.
Sie ist unter der folgenden Telefonnummer erreichbar:
001-505-820 73 87.

Deutsche Erstausgabe
Februar 2002
2. Auflage Juli 2004
Deutscher Taschenbuch Verlag GmbH & Co. KG, München
www.dtv.de
© 2000 Judy Meyer
Titel der amerikanischen Originalausgabe:
The Animal Connection. A Guide to Intuitive
Communication with Your Pet
Published by arrangement with Dutton, a division of Penguin
Putnam Inc., New York 2000
ISBN 0-452-28174-1
© der deutschsprachigen Ausgabe:
2002 Deutscher Taschenbuch Verlag GmbH & Co. KG, München
Das Werk ist urheberrechtlich geschützt.
Sämtliche, auch auszugsweise Verwertungen
bleiben vorbehalten.
Umschlagkonzept: Balk & Brumshagen
Umschlagfoto: © Mauritius/Arthur
Gesetzt aus der Garamond 10,5/12,5 p
Gesamtherstellung: Druckerei C.H. Beck, Nördlingen
Gedruckt auf säurefreiem, chlorfrei gebleichtem Papier
Printed in Germany · ISBN 3-423-36262-6

Für Kiska
Einen großartigen Lehrer in meinem Leben
... ich lerne ständig etwas dazu

Inhalt

Übungen

Vorwort

Da Sie dieses Buch in die Hand genommen haben, lieben Sie offensichtlich Tiere – oder Sie sind neugierig und interessieren sich zumindest für sie. Gleich, aus welchem Grund Sie dieses Buch ausgewählt haben, seien Sie herzlich willkommen.

Lassen Sie mich zunächst Folgendes sagen: Wir werden alle mit der Fähigkeit geboren, auf intuitive Weise mit Tieren zu kommunizieren. Wie Tiere sich untereinander verständigen, so kommunizieren sie auch mit uns, sofern wir bereit sind zuzuhören. Und genau für diesen Zweck wurde dieses Buch geschrieben: Es soll Ihnen helfen, mit Tieren zu sprechen und sich an Ihre natürliche Fähigkeit zur intuitiven Kommunikation zu erinnern, so dass Sie Tiere tatsächlich wieder »hören« können. Dieses Buch stellt die grundlegenden Schritte für diese Form der Kommunikation vor. Üben Sie sich in Ihrem eigenen Tempo darin, und nehmen Sie sich die Zeit zu hören, was Ihr Tier zu sagen hat. Es wird Sie beide sehr bereichern.

Während Sie dieses Buch lesen, sollten Sie an Folgendes denken:

- Alle Lebewesen auf diesem Planeten – ob Mensch, Tier oder Pflanze – entstehen durch die gleiche Energie. Kein Wesen ist großartiger als irgendein anderes.

- Wir »besitzen« Tiere nicht. Sie gehören uns nicht, wie etwa irgendein Möbelstück uns gehört. Tiere sehen uns nicht als ihre Besitzer an, sondern als ihre Gefährten, genauso wie wir unsere Vögel, Hunde, Katzen, Pferde und anderen Tiere als unsere Gefährten betrachten.

- Je intelligenter die Art und Weise ist, auf die Sie mit einem Tier sprechen, desto intelligenter wird auch die Antwort sein.

- Für Katzen, Hunde, Pferde, Vögel, Schlangen und alle anderen Tiere gelten andere Regeln als für uns. Tiere verstehen unsere Regeln nicht immer, beziehungsweise sie sind ihnen nicht immer *wichtig*, ebenso wie wir ihre Regeln nicht immer verstehen.

Es kann unglaublich lohnenswert sein, mit Ihrem Tier zu kommunizieren. Ich habe festgestellt, dass es ein harmonisches Miteinander schafft und die Qualität Ihres Zusammenlebens entscheidend verbessern kann.

Genießen Sie Ihre Reise!

Judy Meyer

Einführung

Als Bill anrief, klang er leicht verzweifelt. Pinkie, seine geliebte, reizende Pitbullterrier-Hündin, zerstörte die Inneneinrichtung des Hauses, wann immer er sie alleine ließ. Ich erklärte Bill, dass wir, um Pinkie zum Aufgeben dieser Angewohnheit zu bewegen, sie »fragen« mussten, was dieses Verhalten bei ihr hervorrief. Als ich dies tat, machte Pinkie mir klar, dass sie es nicht ertragen konnte, wenn Bill aus dem Haus war. Bill arbeitete zwar zu Hause und verbrachte wirklich viel Zeit mit Pinkie, doch selbst die kurzen Zeiten seiner Abwesenheit bereiteten ihr große Probleme. Ich bat Bill, Pinkie zu erklären, warum er sie manchmal zu Hause lassen musste. Er erläuterte ihr daraufhin, dass es Zeiten gab, in denen er sich ums Geschäft kümmern musste, und dass es manchmal zu heiß war, um sie im Auto auf ihn warten zu lassen. Ich riet Bill, Pinkie immer zu sagen, wohin er ging, wann er zurückkommen würde und welche Aufgabe sie hatte, während er fort war. Zum Schluss sollte er sich stets bei ihr bedanken. Es ist sehr wichtig, auf diese Weise direkt mit dem Tier zu kommunizieren. Ich versicherte Bill, dass Pinkie verstand, was er sagte, und dass sie die gleiche Rücksichtnahme verdiente, die er auch jedem Menschen in dieser Situation entgegenbringen würde.

Nachdem Bill Pinkie all das mitgeteilt hatte, vermittelte sie mir, dass sie zwar verstand, warum Bill sie nicht immer mitnehmen konnte, dass sie es aber trotzdem nicht ertrug, alleine zu sein. Nun mussten Bill und ich uns etwas einfallen lassen, um dieses Problem zu lösen.

Nach einigen Verhandlungen mit der Hündin fanden wir schließlich eine Lösung.

Pinkie erklärte sich bereit, die Möbel und den Rest des Hauses in Ruhe zu lassen, wenn Bill ihr eines seiner Hemden überließ. Bevor er also am nächsten Morgen in die Stadt fuhr, sprach er mit Pinkie. Er sagte ihr, dass er etwas zu erledigen habe und um zwei Uhr nachmittags zurück sei. Er erklärte ihr, dass ihre Aufgabe darin bestehe, über die Ordnung im Haus zu wachen, und am Schluss bedankte er sich bei ihr. Dann überließ er ihr eines seiner Hemden und fuhr in die Stadt, um seine Besorgungen zu machen. Als er zurückkam, war das Haus absolut ordentlich. Und mitten auf seinem Bett saß Pinkie mit seinem Hemd, von dem sie lediglich vorsichtig einen einzigen Knopf abgetrennt hatte. Damit war er höchst zufrieden.

Fragen Sie sich vielleicht, was Tiere sonst noch alles zu sagen haben, wenn Sie so eine Geschichte lesen? Aus welchen anderen Gründen würden Sie gerne auf diese Weise mit Ihrem Tier kommunizieren? Vielleicht haben Sie ein Tier nach einer Weile weggegeben, weil es auf Ihrem Teppich sein Geschäft verrichtete und Sie es einfach nicht dazu bringen konnten, damit aufzuhören. Möglicherweise hatten Sie ein Frettchen, das einen Ihrer Vögel tötete, und brachten es daraufhin ins Tierheim. Noch heute haben Sie deswegen ein schlechtes Gewissen, und Sie möchten nicht, dass so etwas noch einmal passiert. Oder Sie hatten ein Pony, das immer wieder Ihre Kinder biss, und Sie verkauften es, weil dieses Verhalten Ihnen Angst machte, aber Ihre Kinder weinten, als ihr geliebtes Pony nicht mehr da war. Vielleicht hatten Sie auch eine Katze, die Ihre Möbel zerkratzte, und Sie ließen ihre Krallen entfernen, weil Sie nicht wussten, auf welche Weise Sie sie dazu bringen könnten, damit aufzuhören. Jetzt tut es Ihnen Leid, weil Sie wissen, dass das Entfernen der Krallen für eine Katze so ist, als würde man uns das letzte Fingerglied entfernen. Häufig können solche Probleme, die entstehen, wenn zwei verschiedene Spezies versuchen zusammenzuleben, durch einfache Kommunikation gelöst werden.

Ich bin ein Animal Communicator, und zu meinen Aufgaben gehört es, auf intuitive Weise mit Tieren zu sprechen. Intuition ist nichts anderes als die Fähigkeit, etwas zu erfahren oder zu erspüren, ohne die sonst üblichen Kommunikationsmittel einzusetzen. Intuition ermöglicht ein unmittelbares Verständnis beziehungsweise ein verfeinertes Wahrnehmungsvermögen.

Bei meiner täglichen Arbeit sprechen meine Klienten und ich über alle möglichen Dinge mit ihren Tieren, aber meistens wenden sie sich wegen eines bestimmten Problems an mich. Zum Beispiel wenn ein Hund aus einem eingezäunten Grundstück ausbricht oder wenn ein Pferd seinen Reiter abwirft, wenn eine Katze partout ihr Katzenklo nicht benutzen will oder ein Vogel sich ständig seine Federn ausrupft.

Ich beginne meine Beratung damit, dass ich die Person direkt zu ihrem Tier sprechen lasse. Dann bitte ich sie, dem Tier Fragen zu stellen, aber immer eine nach der anderen, nie mehrere auf einmal. Sie stellen Fragen, weil sie in der Regel etwas wissen wollen. Und dabei handelt es sich häufig um den Grund, *warum* das Tier sich auf eine bestimmte Art und Weise verhält, die der Mensch für inakzeptabel hält. Wenn der Klient seine

Fragen gestellt hat, folgt eine Phase der Stille, in der ich dem Tier zuhöre. Ich nehme Worte oder Bilder wahr, aber es ist auch möglich, Gefühle oder Farben wahrzunehmen. Sobald das Tier mir die Informationen übermittelt hat, berichte ich meinem Klienten beziehungsweise meiner Klientin, was es mir mitgeteilt hat. Ich übersetze es wie eine Botschaft, die in einer anderen Sprache ausgedrückt wurde. Ich bin weder eine Zauberin noch ein Mensch mit übernatürlichen Fähigkeiten, sondern lediglich eine Übersetzerin.

Auf diese Weise kommunizieren wir so lange mit dem Tier, bis wir die Ursache des Problems entdeckt haben. Dann überlegen wir uns – wie in Pinkies Fall – eine Lösung, die hoffentlich alle Beteiligten zufrieden stellen wird.

Als Animal Communicator habe ich bereits Hunderten von Menschen bezüglich des problematischen Verhaltens ihrer Tiere geholfen. Sobald die Klienten und ihre Tiere gelernt haben, miteinander zu kommunizieren, können sie besser verstehen, welche Rolle jeder im Leben des anderen spielt und welche Bedeutung das »inakzeptable« Verhalten des Tieres hat. Auf dieselbe Art und Weise, wie ich meinen Klienten beibringe, sich mit ihren Tieren zu verständigen, wird dieses Buch Ihnen helfen, mit Ihren Tieren zu kommunizieren, und es wird Ihnen eine neue Ebene der Verständigung, des gegenseitigen Respekts und der Liebe eröffnen.

Das höchste Ziel meiner Arbeit – dieses Buch eingeschlossen – ist es, Menschen und ihren Tier-Gefährten durch eine bessere Verständigung Frieden und Harmonie zu bringen. Es ist mein Beitrag, um das Leben der Tiere auf diesem Planeten zu verbessern.

Die Verständigung mit Ihren Tieren erfolgt in zwei Schritten:

1. Sprechen Sie mit ihnen.

2. Hören Sie ihnen zu.

**Es ist nicht kompliziert.
Es ist tatsächlich so einfach,
wie es klingt.**

Willkommen auf unserer Reise!

Teil 1
Zu Tieren sprechen

Was Sie sagen
und
wie Sie es sagen

Wie fängt man an?
Die ersten Schritte ...

Sprechen Sie auf eine intelligente Art mit Ihrem Tier.

Stellen Sie sich vor, es ist Halloween, und jemand taucht in einem Katzenkostüm vor Ihrer Tür auf. Glauben Sie, dass derjenige Sie nicht verstehen kann, nur weil er sich als Katze verkleidet hat? Natürlich nicht.

Genau das erzähle ich auch meinen Klienten. Ich sage zu ihnen: »Stellen Sie sich vor, dass Ihr Tier ein intelligentes Wesen ist, das sich als Katze verkleidet hat oder als Hund, Vogel, Pferd oder jedes andere wunderbare Tier, das mit Ihnen zusammenlebt, und sprechen Sie auf eine intelligente Weise mit ihm.«

**Lösen Sie sich von falschen
Vorstellungen über die Intelligenz
von Tieren, bevor Sie versuchen,
mit Ihrem Tier zu kommunizieren.**

Bestimmt kennen Sie einige der folgenden Vorstellungen über die geringe Intelligenz von Tieren sowie viele andere ähnliche Aussagen, die auf falschen Annahmen beruhen:

»Ach, es sind doch nur dumme Tiere.«

»Deutsche Schäferhunde sind sehr klug. Sie können 50 Wörter verstehen.«

»Katzen sind so intelligent wie ein dreijähriges Kind, Pferde sind nur so intelligent wie ein zweijähriges Kind.«

Es ist notwendig, sich von diesen Vorstellungen zu lösen, wenn Sie auf intelligente Weise mit Ihrem Tier kommunizieren wollen.

Lesen Sie im folgenden Beispiel, wie Richard sich der wahren Intelligenz seiner Tiere bewusst wurde. Richard erzählte mir, dass er ziemlich viel im Garten arbeitete und seine beiden Hunde dabei gerne in seiner Nähe hatte. Doch jedes Mal, wenn er sie aus dem Haus ließ, rannten sie über die Straße. Der Garten hatte keinen Zaun, und da Richard keine andere Lösung einfiel, ließ er seine Hunde im Haus, während er draußen arbeitete.

Ich erklärte ihm, dass Tiere intelligenter seien als gemeinhin angenommen und dass seine Hunde im Garten bleiben würden, wenn er nur mit ihnen sprechen würde. Er sah mich etwas skeptisch an, doch ich ließ mich dadurch nicht beirren und beschrieb ihm, wie er die Grenze für seine Hunde ziehen sollte. Ich empfahl ihm, mit den Hunden an der Leine an der gesamten Grundstücksgrenze entlangzugehen und ihnen bei zirka jedem dritten Schritt zu sagen, dass dies die Grenze sei, innerhalb derer sie bleiben sollten.

Abschließend sagte ich Richard, dass er beim nächsten Mal, bevor er die Hunde aus dem Haus ließ, etwas Ähnliches sagen sollte wie: »Okay, ihr beiden, ihr dürft jetzt rauskommen, aber ihr müsst innerhalb der Grenze bleiben. Danke.«

Eine Woche später erzählte mir Richard, dass er mit seinen Hunden gesprochen habe. Er schien überrascht und gleichzeitig begeistert darüber zu sein, dass sie nicht mehr wegrannten. Jetzt genießt Richard ihre Gesellschaft, wenn er im Garten arbeitet. Da er darauf vertraute, dass seine Hunde verstehen würden, was er sagte, kann er nun die Vorteile auskosten. Richard hat sogar zugegeben, dass er jetzt über alles Mögliche mit seinen Hunden spricht.

Ich habe neun Übungen zusammengestellt, die Ihnen dabei helfen werden, mit Ihrem Tier zu kommunizieren.

Übung 1

Mit den Augen Ihres Tieres die Welt betrachten

Ein weiterer Schritt, der Ihnen dabei helfen wird, mit Ihrem Tier zu kommunizieren, besteht darin, die Welt aus seiner Perspektive zu betrachten.

Wählen Sie irgendein Tier aus, sei es eines, zu dem Sie eine enge Beziehung haben, oder eines, das Ihnen eher fremd ist, und führen Sie die folgende Übung durch:

- Schließen Sie die Augen, und stellen Sie sich vor, wie es sich anfühlt, im Körper dieses Tieres zu sein. Spüren Sie, wie es sich anfühlt, vier Beine zu haben – oder zwei Beine, wenn Sie ein Vogel sind, oder auch acht Beine, wenn Sie eine Spinne ausgewählt haben.

- Fühlen Sie nun, wie Ihre Fußsohlen beim Gehen die Erde berühren.

- Spüren Sie, wie es ist, ständig in Alarmbereitschaft zu sein und sich vor Raubtieren in Acht zu nehmen.

- Spüren Sie, wie die Sonne Ihr Fell wärmt, während Sie sich an der Südseite des Hauses zusammenrollen, oder wie der Wind Ihre Federn zerzaust, oder spüren Sie den fallenden Zweig, der Ihr Spinnennetz erzittern lässt.

- Fahren Sie mit dieser Visualisierungsübung fort, und dehnen Sie sie auf alles aus, was Ihnen helfen könnte, eine Verbindung zu dem von Ihnen ausgewählten Tier zu erhalten.

Auf diese Weise bereiten Sie sich auf die zweite Übung vor. Sie hilft Ihnen, sich der Intelligenz eines Tieres bewusst zu werden.

Übung 2

Die Intelligenz eines Tieres erkennen

- Erinnern Sie sich an eine Begebenheit mit einem Tier, die Sie dazu veranlasste zu denken: »Na so was, woher hat es denn gewusst, wie man das macht?« Vielleicht haben Sie aber auch schon einmal einen Zeitungsartikel gelesen oder eine Fernsehsendung gesehen, die über eine erstaunliche Rettung durch ein Tier berichteten, wie zum Beispiel über den Gorilla, der vorsichtig einem Kind half, das in seinen Käfig gefallen war. Möglicherweise haben Sie in einem solchen Moment gedacht: »Hm, das ist wirklich ein kluges Tier.« Und vielleicht haben Sie in den Nachrichten auch von dem Papagei gehört, der eine ältere Dame aufweckte, als ein Feuer ausgebrochen war, und so alle Bewohner des Hauses rettete.

- Das sind nur einige Beispiele. Versuchen Sie nun, sich an so viele Begebenheiten wie möglich zu erinnern, und beachten Sie dabei, wie intelligent die beteiligten Tiere gehandelt haben. Jetzt erinnern Sie sich an Ihre eigenen Erfahrungen mit der Intelligenz von Tieren – im Besonderen an solche, die Sie mit Ihrem eigenen Tier gemacht haben.

Sprechen Sie in derselben Weise mit einem Tier, in der Sie auch mit einem Menschen sprechen würden.

Wenn Sie zum Beispiel mit einem Freund in eine Cafeteria mit Selbstbedienung gehen, würden Sie ihn auch nicht einfach allein stehen lassen und weggehen, ohne zu sagen: »Warte hier, setz dich schon mal hin. Ich hole uns einen Kaffee, ich bin gleich wieder zurück.«

Das Gleiche gilt, wenn Sie Ihrem Tier etwas erklären.

Nach einer Beratung bei mir konnte Kathleen das Prinzip, mit ihren Hunden so zu sprechen wie mit einem Menschen, sehr schnell umsetzen. Bei einem Cafébesuch mit ihren beiden Hunden gelang es ihr auf Anhieb. Das Café hatte einen Hof, wo Tische für die Gäste standen. Kathleen bat ihre Hunde, sich neben einen Tisch zu legen, still zu sein und auf sie zu warten, während sie hineinging, um ihnen und sich selbst etwas Leckeres zu holen. Sie erzählte mir, dass sie genau das taten, worum sie sie gebeten hatte, und alle drei genossen den Cafébesuch. Kathleen konnte gar nicht glauben, wie einfach es war – dass sie so tolle Erfolge hatte, nur weil sie mit ihren Hunden so sprach, wie sie es mit einem Freund tun würde.

Mit Ihrem Tier zu sprechen ist so einfach.

Formulieren Sie Ihre Botschaft an das Tier, und es wird Sie verstehen.

Warum?

Weil Tiere jedes Wort verstehen, das Sie sagen.

Warum sind Tiere in der Lage, Worte zu verstehen?

Weil sich jedes Mal, wenn Sie ein Wort sagen, ein Bild dieses Wortes in Ihrem Geist formt, ohne dass Sie sich dessen bewusst sind.

Und Ihr Tier kann dieses Bild sehen.

Wenn Sie sagen oder auch nur denken: »Ich gehe zum Auto« formt sich in Ihrem Geist unwillkürlich ein Bild, das zeigt, wie Sie zu Ihrem Auto gehen. Sie sind sich dieses Bildes nicht bewusst, weil es vollkommen automatisch abläuft, aber Ihr Tier bemerkt es durchaus.

Auf diese Weise kommunizieren Tiere untereinander und mit uns.

Wie oft haben Sie schon Hundebesitzer erzählen hören, dass ihr Hund genau in dem Moment vor ihrem Auto auftauchte, als sie losfahren wollten, obwohl er einen Augenblick vorher nirgendwo zu sehen war? Oder was ist mit den Geschichten von Katzen, die just in dem Moment auftauchen, wenn man ihnen etwas zum Fressen hinstellt?

Solche Dinge geschehen, weil unsere Tiere die Bilder, die wir in unserem Geist haben, wahrnehmen können.

Übung 3

Die stille Kommunikation zwischen Tieren wahrnehmen

- Versuchen Sie, sich an einen Moment zu erinnern, als Sie beobachteten, wie zwei Tiere miteinander kommunizierten.

Zwei Hunde können beispielsweise ruhig nebeneinander liegen, sich plötzlich aus keinem ersichtlichen Grund ansehen und im nächsten Augenblick losstürmen. Nichts war vorher zu hören. Weder haben sie gebellt noch irgendeinen anderen Laut von sich gegeben.

Was, meinen Sie, könnte passiert sein? Sicherlich haben sie mithilfe geistiger Bilder miteinander kommuniziert.

- Erinnern Sie sich an weitere Momente, in denen Sie die stille Kommunikation zwischen zwei Tieren beobachten konnten, sei es in der freien Natur oder zu Hause.

Sie erkennen möglicherweise, dass die Tiere in all diesen Momenten auf die beschriebene Weise kommunizierten. Sie wussten bisher bloß noch nicht, wie das funktioniert.

*Wenn Sie Ihr Tier bitten, etwas zu tun,
und konkrete Ergebnisse sehen
wollen, sollten Sie darauf achten,
dass es sich um etwas handelt, das
Ihr Tier auch wirklich will.*

Besonders wenn Sie sich zum ersten Mal in dieser neuen Art der Kommunikation üben, ist es wichtig, Ihren Tier-Gefährten darum zu bitten, etwas zu tun, was er wirklich gerne macht: zum Beispiel zum Fressen ins Haus zu kommen, mit einem Ball zu spielen oder einer Spielzeugmaus an einem Faden hinterherzujagen.

Ich kann Ihnen ein gutes Beispiel dafür nennen: Mein Kater Henry weigert sich, die Katzentür zu benutzen. Ich verstehe und respektiere seine Gründe, aber es bedeutet auch, dass ich ihm die Haustür öffnen muss. Wenn er in einer kalten Nacht draußen ist und ich ins Bett gehen will, rufe ich zur Tür hinaus: »Henry, ich gehe jetzt ins Bett. Wenn du diese Nacht im Haus verbringen willst, solltest du besser jetzt gleich kommen.« Innerhalb von zwei Minuten sehe ich einen schwarzen Pfeil, der auf die Tür zuschießt.

Henry reagiert so spontan, weil er das, worum ich ihn bitte, wirklich tun will.

Wenn ich sagen würde: »Komm, Henry, wir fahren jetzt zum Tierarzt«, würde ich sicherlich die nächsten paar Stunden nichts von ihm sehen.

Ein Tier kann Ihre Botschaft falsch
verstehen, wenn Sie diese auf
negative Weise formulieren.

Vielleicht befürchten Sie, dass Ihr Hund einem Auto hinterherjagen wird. Und so stellen Sie sich genau dies vor Ihrem inneren geistigen Auge vor. Sie denken: »Oh je, Chumly wird doch sicher wieder einem Auto hinterherrennen.«

Sie ermahnen Ihren Hund: »Chumly, wehe, du rennst dem Auto hinterher!« Was wird Chumly also tun? Es kann sein, dass er das Bild in Ihrem Kopf wahrnimmt, nicht aber Ihre Worte, und schon ist er fort und jagt dem Auto hinterher.

Sie denken dann möglicherweise: »Ach, dieser Kommunikationskram funktioniert ja doch nicht.« Manche Menschen würden vielleicht sogar denken, dass Chumly ein dummer Hund ist, aber das ist überhaupt nicht der Fall.

Wie Sie das Verhalten Ihres Tieres erfolgreich verändern.

Was Sie eigentlich sagen wollen, ist Folgendes: »Chumly, bleib bitte am Straßenrand, denn Autos können gefährlich sein. Ein Auto kann dich anfahren, und ich wäre furchtbar traurig, wenn dir etwas Schlimmes passieren würde, weil ich dich so lieb habe. Deshalb bitte ich dich, am Straßenrand zu bleiben. Ich danke dir.«

Formulieren Sie Ihre Bitte auf positive Weise.

Sagen Sie, was Sie möchten, und nicht, was Sie *nicht* möchten.

Ich habe festgestellt, dass man sehr viel mehr erreicht, wenn man seinen Wunsch auf diese Weise äußert. So ist es besser zu sagen: »Kitty, schärfe deine Krallen bitte an diesem Sisal-Kratzbaum oder an der Rinde dieses Baumstamms« statt »Zerkratz mir nicht die Couch!«

Wenn Sie Kinder haben, kennen Sie die Methode der positiven Anleitung vielleicht schon.

Wenn ich immer nur »Nein!« gerufen hätte, als meine Katze Topaz auf die Küchenschränke kletterte und meine Keramikgefäße dabei zu Bruch gingen, wäre es mir wahrscheinlich nicht gelungen, sie davon abzubringen.

Vielmehr erklärte ich ihr, dass ich die Gefäße selbst gefertigt hätte, dass es mich traurig machte, wenn sie zerbrechen würden, und dass ich viel Zeit dafür benötigte, um die Scherben aufzusammeln. Zum Schluss sagte ich: »Bitte sei vorsichtig mit meinen Gefäßen. Danke.«

Sie sah die Bilder meiner Worte in demselben Moment, als ich sie aussprach. Ich musste mich nicht besonders bemühen, sie in meinem Geist zu produzieren, weil ich wirklich meinte, was ich sagte. Die Bilder erscheinen in diesem Fall automatisch.

Topaz hat seitdem nie mehr ein Gefäß zerbrochen, obwohl sie immer noch auf die Küchenschränke springt.

Übung 4

Botschaften auf positive Weise formulieren

- Es ist sinnvoll zu üben, Dinge auf positive Weise zu formulieren, bevor es einen konkreten Anlass dafür gibt. Sagen Sie beispielsweise zu Ihrem Tier: »Foxi, bleib bitte auf deinem Teppich liegen!« Und nicht: »Foxi, geh bitte nicht aufs Sofa!«

- Falls Sie einen Hund haben, der an Menschen hochspringt, wenn sie an der Tür stehen, könnten Sie sagen: »Sam, lass bitte alle vier Pfoten auf dem Boden, wenn jemand an der Tür ist!« Vermeiden Sie Sätze wie: »Sam, du sollst nicht an Menschen hochspringen!«

- Üben Sie das, *bevor* das nächste Mal jemand bei Ihnen klingelt. Auf diese Weise gewöhnen Sie sich an eine neue Art des Sprechens, so dass Sie in einer akuten Situation gleich das Richtige sagen können.

- Sie sollten alle positiven Sätze, die Ihnen einfallen und die für Sie und Ihr Tier in verschiedenen Alltagssituationen eine Rolle spielen, laut aussprechen. Wiederholen Sie auch dies mehrfach, bevor es notwendig wird.

Erklären Sie Ihren Tieren, warum Sie sie um etwas bitten.

Sie sollten immer daran denken, dass Tiere *intelligent* sind. Und wie Menschen werden sie empfänglicher für das sein, was Sie ihnen sagen, wenn Sie ihnen den Grund für Ihre Bitte erklären.

Deshalb sollten Sie Chumly sagen, dass Autos gefährlich sind, dass er verletzt oder getötet werden könnte, dass Sie möchten, dass er in Sicherheit ist, weil Sie ihn lieben, und dass Sie ihn *deshalb* gebeten haben, am Straßenrand zu bleiben.

Niemand möchte von jemand anderem hören: »Tu das, weil ich es dir sage.« Das gilt auch für unsere Tier-Gefährten.

Sie sollten sich darüber hinaus daran erinnern, wie sehr Sie Ihr Tier lieben. Wenn man versucht, eine lästige oder gefährliche Verhaltensweise des Tieres zu korrigieren, vergisst man das allzu leicht.

Wenn Tiere Ihre Gedanken verstehen können, warum tun sie dann nicht immer, was Sie denken?

Tiere können Ihre Gedanken lesen, weil sie die Bilder in Ihrem Geist sehen, egal, ob Sie sie laut aussprechen oder im Stillen für sich denken.

Es gibt verschiedene Gründe, warum Ihr Tier möglicherweise keine Reaktion auf Ihre Gedanken zeigt. Einer davon ist, dass es nicht unbedingt in jedem Moment des Tages auf Sie eingestimmt ist.

Wenn bei Ihnen zum Beispiel der Fernseher läuft, nehmen Sie sicherlich auch nicht alles, was Sie hören, bewusst auf, bis irgendetwas Ihre Aufmerksamkeit erregt.

Wir denken über alle möglichen Dinge nach, die unsere Tiere nicht interessieren. Wir denken zum Beispiel an die Post, daran, was wir anziehen werden, oder an irgendetwas anderes, was sie einfach nicht betrifft.

Wie bringen Sie Ihr Tier dazu,
Ihnen zuzuhören?

Sprechen Sie zunächst den Namen des Tieres aus, um es auf sich aufmerksam zu machen. Formulieren Sie dann still im Geist oder laut die Botschaft, die Sie Ihrem Tier vermitteln möchten.

Manchmal ist Ihr Tier vielleicht beschäftigt und nicht bereit oder in der Lage, Ihnen gerade in dem Moment zuzuhören, daher ist es wichtig, seine Aufmerksamkeit zu erregen.

Ihre Tier-Gefährten sind mit sich selbst beschäftigt, wenn sie fressen, spielen, ihr Geschäft verrichten oder ihre Aufgaben erledigen (zum Beispiel, wenn sie einen Eindringling anbellen). Und selbst wenn es so aussieht, als täten sie nichts, können sie tief in Tagträume oder Ähnliches versunken sein. Denken Sie daran, dass Sie einen Freund auch nicht unterbrechen würden, wenn er sich gerade intensiv mit irgendetwas beschäftigt. Seien Sie ebenso rücksichtsvoll, wenn Sie mit Ihrem Tier sprechen.

**Tippen Sie Ihr Tier hin und wieder
höflich an, damit es Ihnen seine
Aufmerksamkeit schenkt.**

Das mache ich bei meinen Katzen, wenn ich ihnen etwas sagen möchte und sie nicht gerade mit etwas anderem beschäftigt sind, mir aber offensichtlich auch nicht zuhören.

Ich tippe sie leicht am Kopf an und sage dann: »Entschuldige bitte, ich versuche, dir etwas zu sagen. Könntest du mir bitte zuhören?«

Dann sage ich ihnen, was ich ihnen sagen möchte.

Tiere können unsere Worte verstehen – gleich, ob wir sie laut aussprechen oder nur still in Gedanken formulieren.

Wie ich bereits erläutert habe, »sehen« Tiere unsere Gedanken, selbst wenn wir sie nicht laut aussprechen.

Ich ziehe es persönlich vor, meine Worte laut auszusprechen, anstatt sie nur still zu denken, weil es für mich so natürlicher ist. Es hilft mir, mich auf das zu konzentrieren, was ich sagen möchte.

Wenn Sie Ihre Gedanken auch im Stillen sehr klar formulieren, können Sie versuchen, auf diese Weise zu kommunizieren.

Doch für welche Methode Sie sich auch entscheiden, Sie müssen in jedem Fall zunächst die Aufmerksamkeit Ihres Tieres auf sich lenken.

Das ist besonders wichtig, wenn Sie ein Tier haben, das Schwierigkeiten hat zuzuhören, zum Beispiel weil es taub oder hyperaktiv ist. (Ein hyperaktives Tier kann Ihnen besser zuhören, wenn es sich vorher körperlich angestrengt hat – durch viel Bewegung wird überschüssige Energie abgebaut, die ein Tier von dem, was Sie sagen, ablenken kann.)

Ein Tier muss Sie nicht unbedingt ansehen, um Ihnen zuzuhören.

Man weiß, wann ein Mensch einem zuhört, selbst wenn er einen nicht ansieht.

Man spürt einfach, ob er aufmerksam ist oder nicht.

Genauso ist es auch bei Ihrem Tier.

**Wenn Sie mit einem Tier sprechen,
zeigt es in der Regel eine von drei
natürlichen Verhaltensweisen ...**

Wenn ich jemandem beibringe, mit seinem Tier zu kommunizieren, zeigen die meisten Tiere folgendes Verhalten, sobald wir ihre Aufmerksamkeit gewonnen haben:

- Sie sehen sich um und betrachten die Umgebung.
- Sie sehen so aus, als würden sie schlafen.
- Sie starren einen an.

Letzteres ist vor allem der Fall, wenn *Sie* wirklich verstanden haben, was ein Tier Ihnen zu sagen versucht. Es dreht sich dann möglicherweise um und sieht Ihnen direkt in die Augen. »Gott sei Dank«, scheint Ihr Tier zu sagen, »du hast es endlich kapiert.«

Wenn ein Tier, mit dem Sie sprechen, mitten im Gespräch aus dem Zimmer rennt, auf die Scheune zusteuert oder in den Schrank springt ...

... können Sie darauf wetten, dass es nicht über dieses Thema sprechen will!

Besonders wenn es um eine Verhaltensweise geht, die *Sie* für inakzeptabel halten.

Wie verhält man sich, wenn ein Tier sich gegen eine wichtige Botschaft sträubt, die man ihm mitzuteilen versucht?

Vermeiden Sie zunächst, in einer Babysprache mit dem Tier zu sprechen. Das untergräbt Ihr Anliegen, ihm etwas Wichtiges mitzuteilen.

Ich würde vorschlagen, dass Sie den Kopf Ihres Tieres so halten, dass Sie ihm beim Sprechen in die Augen sehen können. Auf diese Weise vermitteln Sie dem Tier, dass Sie es ernst meinen und es in dieser Situation keine Möglichkeit gibt auszuweichen.

Wenn ich sage, dass es keine Ausweichmöglichkeit für das Tier geben sollte, so gilt dies selbstverständlich nur für sehr kritische Situationen. Zum Beispiel, wenn eine Katze blindlings auf die Straße rennt, wenn ein Hund die Katze des Nachbarn jagt, wenn ein Pferd ständig bockt oder wenn eine andere für das Tier gefährliche Situation auftritt.

Es gibt keinen Grund, mit eiserner Hand zu regieren, es sei denn die Lage ist tatsächlich ernst.

Mein Hund Kiska war das perfekte Beispiel eines eigensinnigen Tieres. Es war fast unmöglich, seinen Kopf fest zu halten. Schließlich ist er ein großer Husky mit einem eigenen Willen, und immer wenn ich versuchte, seinen Kopf fest zu halten, riss er sich los. Also musste ich mir etwas anderes einfallen lassen.

Ich hatte schon seit längerem versucht, ihn davon abzuhalten, mit Buster, einem Nachbarshund, davonzurennen. Jedes Mal wenn ich mit ihm darüber sprechen wollte, dass er und Buster andere Hunde terrorisierten, lief er einfach weg. Er wollte mir partout nicht zuhören, und ich konnte seine Botschaft deutlich wahrnehmen: »Das geht Menschen nichts an.« (Was bedeutete, dass Hunde das unter sich ausmachen mussten und dass es nichts mit mir zu tun hatte.)

Eines Tages hatte ich eine Idee.

Ich wusste, wie sehr Kiska Süßigkeiten mag, also bestach ich ihn. Ich sagte ihm, dass ich ihm ein Zimtbrötchen geben würde, wenn er mir dafür zuhörte. Er hörte mir zu. Ich gab ihm den Leckerbissen, und es gelang mir, ihm meine Botschaft deutlich zu übermitteln. Er rannte nie wieder zusammen mit Buster fort.

Ich will solche Bestechungsmethoden nicht propagieren. Doch möchte ich Sie dazu ermutigen, auf liebevolle Art kreativ zu sein, um Ihr Tier zum Zuhören zu bewegen, wenn die üblichen Methoden bei ihm nicht funktionieren.

***Respektieren Sie den freien Willen
Ihres Tieres.***

Wir alle haben einen freien Willen, auch unsere Tiere. Es ist wichtig zu erkennen, dass unsere Tier-Gefährten sich gegen Anweisungen jedweder Art genauso häufig sträuben wie wir selbst.

Wir haben unsere Gründe, um bestimmte Dinge nicht zu tun, und sie haben ihre.

Wenn ich sage, dass Sie den freien Willen Ihres Tieres respektieren sollten, dann meine ich damit erwachsene Tiere. Junge Tiere – vor allem diejenigen, die jünger als ein Jahr sind – kann man mit Babys und kleinen Kindern vergleichen. Man kann nicht erwarten, dass diese verbale Aufforderungen befolgen, bevor sie ein Alter erreicht haben, in dem sie logisch denken können und ein gewisses Maß an Selbstkontrolle entwickelt haben. Und genauso wie Babys und kleine Kinder müssen Sie kleine Tiere vielleicht körperlich einschränken, anstatt zu versuchen, ihr Verhalten zu ändern, zumindest bis sie älter sind. Wenn Sie zum Beispiel nicht wollen, dass ein Kätzchen auf den Tisch klettert, während Sie beim Essen sind, würde ich vorschlagen, es in einem anderen Zimmer zu lassen, bis es alt genug ist, um Ihre Worte zu verstehen.

***Sie sollten den natürlichen Instinkt
Ihres Tieres berücksichtigen,
wenn sein Verhalten für Sie
inakzeptabel ist.***

Ich habe drei Hunde: Kiska, ein Husky, Duke, ein Golden-Retriever-Cockerspaniel-Mischling, und Dinah, ein Wolf-Golden-Retriever-Mischling.

Alle drei haben sich irgendwann einmal in Pferdemist gewälzt.

Sie mögen das, denn für sie riecht es angenehm, und es ist für sie eine ganz natürliche Sache. Ich erklärte ihnen, dass ich es hasse, wenn sie sich in Pferdemist wälzen, weil es so stinkt. Ich sagte ihnen, dass sie draußen bleiben müssten, weil der Pferdemist sonst an die Wände, die Möbel und auf den Boden gelangen würde. Zum Schluss (und ich glaube, das war das Ausschlaggebende für Kiska) gab ich ihnen auf unmissverständliche Weise zu verstehen, dass ich sie baden würde.

Kiska und Duke hörten mir zu und wälzten sich nie mehr in Pferdemist. Aber Dinah kann es einfach nicht lassen. Sie handelt so aufgrund ihres natürlichen Instinkts, und es fällt ihr deshalb schwer, den Trieb, sich in das stinkende Zeug zu stürzen, zu überwinden. Kiska und Duke waren dagegen in der Lage, das zu tun. Grundsätzlich ist Dinahs Verhalten wolfsähnlicher als das der beiden anderen Hunde, und die natürlichen Instinkte sind bei ihr stärker ausgeprägt. Folglich haben wir eine Vereinbarung: Immer wenn sie sich im Mist gewälzt hat, bade ich sie.

Warum ignoriert ein Tier Ihre Aufforderung, selbst wenn Sie sie positiv formuliert und Ihre Gründe ausführlich erklärt haben?

Manchmal haben Sie vielleicht den Eindruck, dass ein Tier Ihre Botschaft ignoriert, doch in Wirklichkeit haben Tiere ihre eigenen Vorstellungen und manchmal müssen sie vorrangig etwas anderes erledigen und missachten daher Ihre Bitte.

Ein Kater namens Zachary verließ einmal pro Woche das Haus. Er lief bis zur nächsten Kreuzung, überquerte dort eine viel befahrene Straße, überwand eine Mauer und erreichte auf diese Weise den Garten eines bestimmten Hauses. Obwohl Alma und Gordon, die Leute, bei denen er zu Hause war, ihn gebeten hatten, innerhalb ihres Gartens zu bleiben, verließ er nach wie vor regelmäßig das Grundstück. Sie machten sich stets Sorgen, wenn er fort war, aber als sie herausfanden, dass er die Straße mit den vielen vorbeirasenden Autos überquerte, hatten sie wirklich Angst um ihn. Also baten sie mich um Rat.

Zachary erklärte mir, dass er deshalb zu diesem Haus lief, weil er die Katzen, die dort wohnten, etwas lehrte. Als ich Alma und Gordon das erzählte, sagte Alma aufgeregt: »Genauso sah es aus, als ich dorthin gegangen bin, um ihn zu holen. Er saß fünf Katzen gegenüber, und ich schwöre, es sah tatsächlich so aus, als ob sie in der Schule seien.« Zachary versicherte uns, dass er wisse, wie man eine Straße sicher überquert, außerdem sei seine Aufgabe bei diesen Katzen bald beendet und er würde seinen Garten dann nicht mehr verlassen.

Einen Monat später schickten Alma und Gordon mir eine kurze Nachricht, dass Zachary – wie er es versprochen hatte – aufgehört hatte, zu seinem »Unterricht« zu gehen. Sie nahmen an, dass die Schule wohl zu Ende war.

Manchmal können Sie mit Ihrem Tier ein Abkommen treffen, um zu erreichen, dass es ein bestimmtes problematisches Verhalten ändert.

Vielleicht haben Sie einen Hund, der ständig in Ihrem Blumengarten herumbuddelt. Sie könnten zu ihm sagen: »Chester, wenn du meine Blumen in Ruhe lässt, nehme ich dich zweimal pro Woche mit zum Schwimmen.« Es wäre auch hilfreich, wenn Sie ihm eine Alternative anbieten könnten, indem Sie ihm einen anderen Platz im Garten zeigen, wo er buddeln darf.

Oder vielleicht haben Sie ein Pferd, das ständig versucht, zum Stall zurückzukehren, wenn Sie einen Ausritt machen. Sie könnten sagen: »Blacky, wenn du unseren gemeinsamen Ausflug wie ich für ein paar Stunden genießt, gebe ich dir ein Stück Zucker, wenn wir wieder am Stall sind.«

Ob Sie es glauben oder nicht, diese Methode hat auch schon bei Ameisen funktioniert. Als ich einmal nach Hause kam und zahlreiche Ameisen in meiner Küche vorfand, sagte ich einfach: »Bitte geht dorthin zurück, woher ihr gekommen seid, sonst sauge ich euch mit dem Staubsauger weg.« Ich gab ihnen 15 Minuten, und danach waren sie verschwunden.

Denken Sie daran, ein Tier stets auf positive Weise darum zu bitten, etwas *zu tun*, anstatt ihm auf negative Weise zu sagen, dass es etwas *nicht tun* soll.

Übung 5

Verhaltensweisen positiv verstärken

Es ist im Allgemeinen leichter, Ihr Tier zu korrigieren, wenn es etwas falsch macht, als daran zu denken, das Tier zu bestätigen, wenn es etwas richtig macht. Denn im ersten Fall handelt es sich in der Regel um ein aktives Verhalten, das Sie nicht mögen, während das Verhalten im zweiten Fall häufig eher ein passives ist, zum Beispiel wenn Ihr Hund friedlich im Garten liegt.

• Achten Sie also darauf, wenn Ihr wundervolles Tier zeigt, dass es Ihnen zugehört hat, als Sie mit ihm über eine unangenehme Angewohnheit sprachen, und sich nun anders verhält. Das ist besonders am Anfang wichtig, gleich nachdem ein altes, unerwünschtes Verhaltensmuster sich verändert hat, denn auf diese Weise fördern Sie das neue, erwünschte Verhalten.

- Es könnte zum Beispiel sein, dass eine Katze, die vorher ihr Geschäft auf dem Boden verrichtet hat, nun das Katzenklo benutzt. Sie könnten beispielsweise zu ihr sagen: »Danke, dass du das Katzenklo benutzt, Biscuit. Damit hilfst du mir wirklich sehr!« Zu einem Pferd, das früher an der Tür seiner Box genagt und nun damit aufgehört hat, könnten Sie sagen: »Star, du machst mir eine große Freude damit, dass du die Tür in Ruhe lässt und nur das zerkaust, was ich dir zum Fressen gebe. Vielen Dank!«

Gratulieren Sie Ihren Tier-Gefährten zu allen positiven Veränderungen.

Wie Sie Ihrem Tier menschliche Regeln nahe bringen

Tiere sind intelligent, doch sie kennen nicht alle Regeln der Menschen, und hin und wieder sind sie ihnen auch gleichgültig. Daher ist es wichtig, Ihrem Tier zu sagen, wie die Dinge unserer Ansicht nach sein sollten.

Einmal habe ich meine Tiere zum Beispiel darum gebeten, sich die Pfoten abzuwischen, bevor sie ins Haus kommen. Eines von ihnen sah mich an und fragte: »Wo ist das Problem? Magst du keine Erde im Haus?« Die Tiere konnten keinen Unterschied darin erkennen, ob sich die Erde im Haus oder draußen im Garten befand. Für sie war es dasselbe.

Um meine Hunde dazu zu bewegen, mit sauberen Pfoten ins Haus zu kommen, sagte ich zu ihnen: »Wir Menschen haben gerne saubere Fußböden. Es ist unangenehm für uns, barfuß auf Schmutz zu laufen, und wir brauchen viel Zeit, um den Boden wieder zu reinigen. Ich wäre euch daher sehr dankbar, wenn ihr einfach eure Pfoten abputzen würdet. Vielen Dank.«

Erinnern Sie sich daran, dass Sie wie ein Vogel, eine Katze, eine Schlange oder jedes andere Tier denken müssen, um zu erkennen, was für sie natürlich ist. Möglicherweise sollten Sie noch einmal zur ersten Übung zurückblättern, um diese Denkweise zu aktivieren.

Viele Situationen, die im Alltag auftreten, machen es erforderlich, dass man einem Tier die Regeln der Menschen erklärt.

Valerie wollte ihren Hund Buster im Flugzeug mit nach Dallas nehmen. Schon vorher übte sie mit ihm und versuchte, ihn dazu zu bewegen, in eine Transportbox zu gehen, doch er weigerte sich strikt. Deshalb rief sie mich an.

»Will Buster überhaupt mit mir nach Dallas kommen?« fragte sie voller Zweifel. Buster gab mir zu verstehen, dass er sich riesig darauf freute, doch er verstand nicht, was es mit der Reise nach Dallas zu tun haben sollte, wenn er in der Hundebox auf der Veranda saß. Als ich hörte, was der Hund dachte, war mir klar, dass Buster die Regeln der Menschen einfach nicht verstand.

Also sagte ich zu Valerie: »Du musst Buster Schritt für Schritt erklären, wie das Reisen im Auto und in Flugzeugen funktioniert und warum die Transportbox nötig ist.«

Valerie erklärte Buster die Situation auf wunderbar verständliche Weise. Zunächst sagte sie ihm, dass sie ins Auto einsteigen und die Box auf den Rücksitz stellen würden. Dann würden sie zum Flughafen fahren. Dort angekommen, würde sie Buster bitten, in die Box zu gehen.

Dann erklärte sie ihm weiter: »Du musst im Flugzeug in dieser Box reisen, Buster, weil eine unserer Regeln dies nun einmal vorschreibt.« Als Nächstes sagte sie dem Hund, dass er im unteren Abteil des Flugzeugs reisen müsse, während sie im oberen Bereich sitzen würde. Und schließlich gab sie ihm zu verstehen, dass sie ihn sofort aus der Box herauslassen würde, wenn sie in Dallas angekommen waren, und dass ihnen dann zwei wunderbare Wochen miteinander bevorstünden.

Sobald sie mit ihren Erläuterungen fertig war, blickte Buster erst sie, dann die Transportbox an und marschierte schnurstracks hinein.

Wenn Sie das Haus verlassen ...
Vier grundsätzliche Dinge

Ihr Tier ist in Ihr Leben getreten, um Ihr Gefährte zu sein. Doch was soll es tun, wenn Sie außer Haus sind? Tiere brauchen eine Aufgabe, wenn Sie allein gelassen werden. Und wenn Sie ihnen dafür danken, dass sie getan haben, worum Sie sie baten, wissen sie das zu schätzen. Mit anderen Worten: Sie sollten so mit Ihrem Tier umgehen, wie Sie es auch mit jedem Menschen machen würden, der bei Ihnen wohnt.

Sie würden nicht einfach aus dem Haus gehen, ohne Ihrem Mann, Ihrer Frau oder Ihrem Mitbewohner zu sagen, dass Sie fortgehen, oder? Sie würden ihnen doch sicherlich sagen, wohin Sie gehen und wann Sie voraussichtlich zurückkommen.

Tun Sie das Gleiche für Ihr Tier. Wenn Sie das Haus verlassen, sollten Sie Ihrem Tier grundsätzlich Folgendes sagen:

1. wohin Sie gehen
2. wann Sie zurück sein werden
3. welche Aufgabe das Tier hat
4. danke!

Das funktioniert auch gut, wenn Sie das Tier im Auto, im Haus eines Freundes oder anderswo allein zurücklassen müssen, weil die Umstände es erfordern.

Wenn ich etwas erledigen muss, sage ich meinem Hund Kiska, wohin ich gehe. Dann bitte ich ihn darum, auf die Katzen aufzupassen und das Haus zu hüten. Ich teile ihm mit, wann ich zurückkomme, und bedanke mich bei ihm. Das Gleiche mache ich mit meinen

Katzen, wobei jede eine eigene besondere Aufgabe hat; keine hat die gleiche Aufgabe wie Kiska.

Nachdem ich ihre Aufgaben einige Male bei verschiedenen Gelegenheiten deutlich formuliert habe, bitte ich sie nun jedes Mal, bevor ich das Haus verlasse, einfach darum, ihre Aufgaben zu erfüllen, und bedanke mich. Oder ich sage: »Okay, ich fahre in die Stadt. Ihr wisst, was ihr zu tun habt. Ich bin um fünf Uhr zurück. Ich danke euch.«

Sollte Ihnen nichts einfallen, was Sie Ihren Gefährten auftragen könnten, so finden Sie im Folgenden einige Vorschläge. Nach ein paar Versuchen werden Sie eigene Ideen haben:

- Passt aufeinander auf (wenn Sie mehrere Tiere haben).
- Werde wieder gesund (wenn ein Tier krank ist) oder bleib gesund (wenn es ihm gut geht).
- Halte das Haus in Ordnung.
- Bleib in deinem Aquarium (ich kenne viele Fische, die herausgesprungen sind).
- Amüsiere dich gut.
- Ruh dich aus.
- Hüte das Haus.
- Sei vorsichtig.
- Du hast das Kommando. Achte darauf, dass alles in Ordnung ist, während ich fort bin.

Abgesehen davon, dass sich Ihr Tier wohler fühlt und Ihr Haus noch intakt sein wird, wenn Sie zurückkommen, gibt es noch andere gute Gründe dafür, mit Ihrem Tier zu sprechen, bevor Sie das Haus verlassen.

Ich hatte Klienten, deren Hunde den ganzen Tag bellten, nachdem sie zur Arbeit gefahren waren. Dies hatte zur Folge, dass ihre Nachbarn sich beschwerten. Wenn meine Klienten mich dann anriefen, waren sie häufig bereits völlig ratlos. Einige dachten daran, Anti-Bell-Halsbänder zu verwenden, um das Bellen durch einen Schock zu unterdrücken, andere überlegten gar ernsthaft, die Stimmbänder ihres Hundes operativ verändern zu lassen.

Wenn ich mit den Hunden über die Gründe ihres Bellens sprach, fragten sie ihre Leute: »Wohin gehst du denn, wenn du das Haus verlässt?« und »Wann kommst du nach Hause?« oder »Was soll ich denn tun, während du weg bist?« Manchmal erklärten sie auch: »Du hast mir nicht gesagt, was ich tun soll, also habe ich das selbst entschieden. Ich verkünde in der Nachbarschaft: ›Ich habe jetzt hier das Kommando. Kommt nicht hierher.‹«

Nachdem meine Klienten die Fragen ihrer Hunde beantwortet hatten, wurde es bei ihnen zu Hause wieder ruhig.

Sie sehen, auf welche Weise eine wohl überlegte Kommunikation helfen kann, Probleme dieser Art zu lösen. Sie sollten ab sofort Ihren Tieren diese grundlegenden vier Dinge erklären, bevor Sie das Haus verlassen.

Meine Klienten, die Pferde haben, teilen ihnen etwas Ähnliches mit, wenn sie vom Stall nach Hause fahren. Sie erklären ihnen, dass sie wegfahren und dass sie sie am nächsten Tag, am nächsten Dienstag oder wann auch immer wieder sehen werden. Dann bedanken sie sich bei den Pferden dafür, dass sie mit den Leuten, die

sich in der Zwischenzeit um sie kümmern, zusammen-
arbeiten werden. Einige meiner Klienten haben ihren
Pferden mitgeteilt, dass ein Teil ihrer Aufgabe darin
bestünde, wieder gesund zu werden – wenn sie er-
krankt waren.

Eine meiner Klientinnen erzählte mir, dass Kokomo, ihr
brauner Wallach, sich einmal am Bein verletzt hatte. Sie
besuchte ihn jeden Tag, und jedes Mal, bevor sie ging,
sagte sie zu ihm: »Ich komme morgen wieder, Kokomo.
Deine Aufgabe ist es, wieder gesund zu werden, damit
wir beide bald wieder miteinander ausreiten können.
Ich danke dir. Ich liebe dich.«

***Wenn Sie in den Urlaub fahren,
ist es besonders wichtig, Ihrem Tier
mitzuteilen, wohin Sie reisen.***

Es ist deshalb so wichtig, weil offensichtlich viele Tiere diesen Zeitpunkt wählen, um von zu Hause fortzulaufen. Wenn Sie Ihrem Tier alles Wichtige mitteilen, ist es wahrscheinlicher, dass es zu Hause auf Sie wartet und sich keine Gedanken darüber macht, wo Sie sind oder wann Sie zurückkommen.

Denken Sie daran, Ihrer Katze oder Ihrem Hund zu sagen, wohin Sie fahren, an welchem Tag Sie voraussichtlich zurückkehren werden, dass Tante Sally sich um sie kümmern wird und dass sie bitte Tante Sally zuliebe im Garten bleiben sollten, während Sie weg sind.

Ich rate meinen Klienten darüber hinaus, ihren Tieren Folgendes mitzuteilen: »*Ich* fahre jetzt in den Urlaub, deshalb möchte ich, dass *du* auch Urlaub hast. Mach mal eine Pause nach all der Arbeit, die du immer für mich tust. Entspanne dich und mach dir eine schöne Zeit mit Tante Sally.«

Wenn Sie ein Tier zur Tierpension bringen, sollten Sie es außerdem dazu ermuntern, sich mit den anderen Hunden oder Katzen zu vergnügen.

Senden Sie Ihrem Tier positive Gedanken, während Sie im Urlaub sind.

Wenn Sie im Urlaub sind und Ihr Tier in der Zeit bestmöglich betreut wird, sollten Sie ihm nur positive Gedanken senden.

Ihr Tier kann Ihre Gedanken wahrnehmen, selbst wenn Sie viele Kilometer von ihm entfernt sind. Wenn Sie sich Sorgen machen, könnte es sein, dass es sich ebenfalls unnötige Sorgen macht. Lesen Sie dazu das folgende Beispiel.

Als Patty einmal eine kürzere Reise machte, brachte sie ihre beiden Hunde zu einer sehr guten Hundebetreuerin. Dennoch machte sie sich die ganze Zeit ihrer Abwesenheit über Sorgen, dass ihre Hunde vielleicht nichts fraßen. Als sie wieder zurückkam, erzählte die Betreuerin ihr, dass alles so weit in Ordnung war, nur dass die Hunde kaum etwas gefressen hatten.

Als die Hunde gefragt wurden, warum sie ihr Fressen nicht angerührt hatten, während Patty fort war, antworteten sie: »Wir wussten, dass du dir darüber Sorgen gemacht hast, ob wir fressen, also dachten wir, dass mit dem Futter irgendetwas nicht stimmt, und beschlossen, es nicht zu fressen.« (Denken Sie daran, dass Tiere die Bilder in unserem Kopf wahrnehmen und nicht die Absicht unserer Gedanken!)

Sie sehen also, dass es gute Gründe gibt, fröhliche Gedanken an Ihr Tier zu senden, wenn Sie eine Reise machen – und eigentlich gilt das immer.

Beachten Sie stets:
Tiere leben im Moment.

Obwohl Tiere lineare Zeitabläufe begreifen, da sie mit uns zusammenleben, entspricht es ihrem Wesen, ganz im gegenwärtigen Moment zu sein.

Eines der vielen Geschenke, das ein Tier uns machen kann, ist, uns zu zeigen, wie wir ebenfalls ganz präsent im Jetzt sein können – genau hier, in ebendiesem Augenblick.

Wenn wir uns mit all unseren Sinnen im Augenblick befinden, haben wir weder Angst davor, was in der Zukunft geschehen wird, noch ärgern wir uns oder fühlen wir uns schuldig wegen etwas, das in der Vergangenheit passiert ist.

So kann sich ein Hund durchaus daran erinnern, dass er vor einer Stunde ein Häufchen auf den Teppich gemacht hat, doch das ist Vergangenheit – er befindet sich längst wieder mit all seinen Sinnen im gegenwärtigen Moment.

***Wenn Sie von Ihrem Tier etwas
Bestimmtes wissen wollen,
stellen Sie präzise Fragen.***

Als Patricia ihre Golden-Retriever-Hündin Holly, die sich entspannt auf dem Boden ausgestreckt hatte, fragte, wie sie sich fühlte, antwortete Holly, dass es ihr gut gehe.

»Aber«, protestierte Patricia, »was ist denn mit deinem Bein, du hinkst doch?«

»Ach das«, antwortete Holly, »das ist mir gestern passiert, als ich zu fest auf einen Stein getreten bin.«

Weil sie so bequem dalag, machten Holly die Schmerzen in ihrem Bein zumindest in *diesem* Moment nichts aus.

Stellen Sie gezielte Fragen, um die Information zu bekommen, die Sie von Ihrem Tier haben möchten.

Häufig rufen Menschen mich an, weil ihr Tier ein gesundheitliches Problem hat oder weil ihnen sein Verhalten Probleme bereitet, aber anstatt das Tier genau zu dem Problem zu befragen, fragen sie es Dinge wie: »Baron, was ist los?« Baron erzählt mir dann etwas, was mit dem Problem gar nichts zu tun hat und was die eigentliche Frage des Klienten nicht beantwortet – genauso wie Holly es in obigem Beispiel tat.

Seien Sie sehr präzise, kommen Sie genau auf den Punkt, und – wie ich meinen Klienten stets empfehle – seien Sie wie ein Detektiv. Forschen Sie nach Informationen und befragen Sie Ihr Tier so ausführlich wie möglich über das Thema, über das Sie etwas wissen möchten.

Stellen Sie präzise Fragen. Fragen Sie Baron, warum er gestern nach dem Kind schnappte, als es ins Haus kam. Auf diese Weise werden Sie eine ebenso präzise Antwort erhalten, und Sie können das Problem somit besser in den Griff bekommen. Das nächste Mal können Sie dann eine Angst einflößende oder gefährliche Situation vermeiden.

*Auch wenn Sie Ihr Tier noch nicht
verstehen können, können Sie
mit ihm sprechen.*

Sie werden überrascht sein, welche Erfolge Sie allein dadurch erzielen werden, dass Sie zu Ihrem Tier sprechen. Denken Sie immer daran, dass Ihr Tier umso intelligenter reagieren wird, je intelligenter Sie ihm begegnen.

Nachdem wir nun einige Grundlagen der intuitiven Kommunikation mit Tieren vorgestellt haben, ist es an der Zeit zu untersuchen, wie man ihnen zuhört.

Doch lassen Sie uns zunächst den ersten Teil zusammenfassen.

Zusammenfassung:

Zu Tieren sprechen

1. Stellen Sie sich vor, wie man sich als Tier fühlt.
2. Machen Sie sich bewusst, dass Ihr Tier intelligent ist.
3. Wecken Sie die Aufmerksamkeit Ihres Tieres.
4. Sprechen Sie mit Ihrem Tier, wie Sie mit einem Menschen sprechen würden.
5. Sagen Sie genau das, was Sie meinen.
6. Formulieren Sie Ihre Bitte auf positive Weise.
7. Erklären Sie genau, was Sie von dem Tier erwarten.
8. Erklären Sie den Grund für Ihre Bitte.
9. Treffen Sie, falls das nötig ist, eine Abmachung mit Ihrem Tier, um ein bestimmtes Verhalten zu verändern.
10. Wenden Sie die Methode der positiven Verstärkung an, wenn ein Tier ein unerwünschtes Verhalten geändert hat.
11. Wenn Sie das Haus verlassen, sollten Sie Ihr Tier darüber informieren, wohin Sie gehen, wann Sie wiederkommen und welche Aufgabe es während der Zeit Ihrer Abwesenheit hat.
12. Erinnern Sie sich daran, wie sehr Sie Ihren Tier-Gefährten lieben, und danken Sie ihm, dass er Ihnen zugehört hat.

Teil 2
Die Botschaft empfangen

Wie Sie lernen, Tiere zu verstehen

Wie versteht man Tiere?

Wir alle wurden mit der Fähigkeit, Tiere zu verstehen, geboren, und sie liegt immer noch in uns vergraben wie ein Schatz. Wie stellt man es an, sich wieder an diese wertvolle Fähigkeit zu erinnern, sie wieder »auszugraben«?

Das ist die Frage, die mir Tierbesitzer am häufigsten stellen. Und es ist das größte Problem, mit dem die meisten von ihnen zu kämpfen haben – zu verstehen, *was* ihr Tier ihnen sagen will.

Bei manchen Menschen genügt allein die Entdeckung ihrer Fähigkeit, Botschaften von Tieren wahrzunehmen, um sofort in der Lage zu sein, diese auch zu verstehen. Andere, wie einige meiner Klienten, erhalten einen Zugang zu dieser Begabung, wenn sie ein- oder zweimal bei Menschen waren, die mit Tieren sprechen können. Und manche Menschen, wie ich selbst, müssen intensiv an sich arbeiten, bevor sie Botschaften von Tieren verstehen können.

Was Sie zu verstehen versuchen, ist sehr subtil.

Selbst wenn Sie üben und üben und daran arbeiten, mit einem Tier zu kommunizieren, kann das, was Sie empfangen, ziemlich schwer zu begreifen sein. Es wird nur selten so deutlich sein wie die Worte, die aus dem Mund eines anderen Menschen kommen. Sie sollten sich daher der Subtilität dessen, was Sie bald wahrnehmen werden, bewusst sein.

Wie fängt man an?

Sitzen Sie zunächst still bei Ihrem Tier und entwickeln Sie den ernsthaften Wunsch, es zu verstehen.

Bei dem ganzen Tumult in unserem täglichen Leben müssen wir zunächst lernen, innerlich still zu werden und auch äußerlich für Ruhe zu sorgen. Denn wie sollen wir einen subtilen Gedanken unseres Tieres wahrnehmen können, wenn der Fernseher läuft, das Telefon klingelt oder wir fortwährend an die Worte unserer Mutter bei unserem letzten Gespräch denken müssen?

Wenn Sie schon einmal meditiert haben, könnte das von Vorteil sein, aber es ist nicht nötig. Unabdingbar ist allerdings ein *ernsthafter Wunsch*. Sie müssen mit einem Tier wirklich kommunizieren wollen, bevor Sie tatsächlich eine seiner Botschaften empfangen können. Sie sollten den ernsthaften Wunsch haben, zu hören, zu fühlen, wahrzunehmen und intuitiv zu erspüren, was Ihr Tier Ihnen zu vermitteln versucht.

Übung 6

Vorbereitung auf das Empfangen von Botschaften

- Lassen Sie Ihren Geist zur Ruhe kommen. Versuchen Sie, einfach nur still mit Ihrem Tier zu sein – sei es mit Ihrer Katze, Ihrem Vogel, Ihrem Pferd, Ihrem Hund oder mit welchem wunderbaren Geschöpf auch immer, das mit Ihnen zusammenlebt. Es kann eine richtige Erlösung sein, sich hin und wieder aus dem Stress des Alltags auszuklinken.

- Spüren Sie die Liebe, die Sie für Ihren wundervollen Gefährten empfinden.

- Betrachten Sie den Körper Ihres Tieres in all seinen Details. Richten Sie Ihre Aufmerksamkeit auf einen bestimmten Teil seines Körpers, wie zum Beispiel die Spitze eines Ohres, und lassen Sie das Bild vor Ihren Augen verschwimmen. Was sehen Sie? Verblasst es und wird weiß? Vielleicht scheint der Körper auch in einem wellenförmigen Muster zu fließen. Oder es sieht so aus, als sei er aus vielen kleinen Punkten zusammengesetzt. Möglicherweise entdecken Sie ein Detail, das Ihnen bisher entgangen ist.

Was auch immer Sie sehen oder fühlen, es wird Ihnen helfen, eine neue Form der Aufmerksamkeit zu entwickeln, mit deren Hilfe Sie die Botschaften Ihres Tier-Gefährten empfangen können.

- Und vergessen Sie nicht den ernsthaften Wunsch.

Abby saß mit ihrem Kätzchen Biscuit auf der Brust still da. In dieser Stille bemerkte sie, dass sie beide im gleichen Rhythmus atmeten. Dann – als sie sich in die Augen sahen – bemerkte Abby die beeindruckende asymmetrische Färbung von Biscuits Fell, die erstaunliche abstrakte »Gemälde« aus Farben und Formen in ihr Gesicht zeichnete. Diese ruhigen *gemeinsamen* Momente halfen Abby, sich zu zentrieren und sich während ihres Gesprächs für die subtilen Botschaften ihrer Katze zu öffnen.

Übung 7

Aus der Perspektive des Tieres kommunizieren

Diese Übung ähnelt Übung 1. Erneut stellen Sie sich vor, in den Körper eines Tieres zu schlüpfen, richten jedoch jetzt Ihre Aufmerksamkeit auf mögliche Botschaften des Tieres.

- Wählen Sie sich wiederum ein Tier aus, und schlüpfen Sie in Ihrer Vorstellung in seinen Körper. Erleben Sie Empfindungen, die das Tier haben könnte – wie fühlt es sich an, zu laufen, auf einen Baum zu klettern, zu fliegen, vor Raubtieren auf der Hut zu sein oder einen Pfad entlangzugaloppieren?

Im Folgenden finden Sie Beispiele für Fragen, die Sie sich dann stellen könnten, je nachdem, welches Tier Sie ausgewählt haben.

- Wie fühlt es sich an, ein Pferd zu sein, das versucht, einem Menschen zu sagen, dass der Sattelgurt zu fest angezogen ist?

- Wie fühlt es sich an, eine Katze zu sein, die einem Menschen mitteilen will, dass sie das Katzenklo wirklich oben im Badezimmer braucht und nicht unten im Erdgeschoss?

- Wie fühlt es sich an, ein Frettchen zu sein, das versucht, einem Menschen zu vermitteln, wie schön es wäre, wenn noch ein anderes Frettchen da wäre, mit dem es zusammenleben könnte.

- Wie fühlt es sich an, ein Hund zu sein, der sich bemüht, einem Menschen begreiflich zu machen, dass ihm von dem Flohhalsband, das er trägt, ganz schwindlig wird und er davon Kopfschmerzen bekommt?

- Überlegen Sie, welche anderen Dinge Sie einem Menschen noch gerne sagen würden, wenn Sie das Tier wären, das Sie ausgewählt haben.

- Experimentieren Sie noch ein wenig mit dieser Übung und schlüpfen Sie in Ihrer Vorstellung in die Körper verschiedener Tierarten. Erleben Sie jeweils das Bedürfnis des Tieres, mit einem Menschen zu kommunizieren.

***Versuchen Sie jetzt, eine Botschaft
wahrzunehmen.***

Sagen Sie zu sich selbst: »Ich möchte meine Katze Chloe hören.« Das hilft Ihnen, sich vorzubereiten und die Basis für eine erfolgreiche Kommunikation zu schaffen. Sagen Sie dann: »Ich möchte sie auf eine möglichst ehrliche, liebende und objektive Weise hören.« Das bedeutet unter anderem, dass Sie sich von Ihren eigenen menschlichen Vorstellungen und Gefühlen lösen.

Jason, einer meiner Klienten, rief mich an, weil er seine Katze Chelsea nicht finden konnte. Draußen war es eiskalt, und er machte sich Sorgen, dass Chelsea krank werden oder sogar erfrieren könnte. Als ich mit der Katze sprach, erzählte sie mir, dass es ihr sehr gut ging und dass ihr nicht kalt war: Sie hatte ein warmes Fell.

Dies ist ein einfaches Beispiel, doch es gibt Ihnen einen ersten Einblick, wie die Methode funktioniert. Versuchen Sie, sich von Ihren gewohnten Vorstellungen zu lösen, um bereit für das Neue zu sein.

Lernen Sie, zwischen der Botschaft des Tieres und Ihren eigenen Gefühlen zu unterscheiden.

Denken Sie daran, dass Tiere ihre eigenen Gefühle und Vorstellungen haben; manche davon mögen Ihnen seltsam, fremd oder sogar unmöglich erscheinen. Wenn Sie etwas hören, das für Sie seltsam klingt, sollte Sie das nicht an seiner Wahrheit zweifeln lassen. Es deutet sogar darauf hin, dass Sie Ihr Tier tatsächlich verstanden haben könnten, da Sie selbst auf so etwas wahrscheinlich niemals gekommen wären.

Eine meiner ersten Klientinnen wollte etwas von ihren beiden Katzen und ihrem Irish Setter Maggie erfahren. Sie fragte ihre Gefährten, welche Absichten oder Ziele sie in ihrem Leben hatten. Als der Setter an der Reihe war, hörte ich ihn sagen: »Ich möchte dich lieben, halten und trösten.« Als ich das hörte, dachte ich, dass dies wie ein Heiratsversprechen klang – und wie, bitte schön, sollte ein Hund einen Menschen halten können? Ich überlegte, ob ich der Frau überhaupt sagen sollte, was ich gehört hatte, aber meine Aufgabe besteht darin, meinen Klienten so ehrlich und liebevoll wie möglich alles mitzuteilen, was ich höre, egal, ob es für mich einen Sinn ergibt oder nicht. Sobald ich der Frau alles berichtet hatte, rief sie aus: »Ich kann nicht glauben, dass sie Ihnen das erzählt hat! Jeden Abend, wenn ich von der Arbeit nach Hause komme, begrüßt Maggie mich. Sie setzt sich auf ihr Hinterteil, legt alle vier Beine um mich und hält mich fest. Ich habe immer gespürt, dass sie mich liebt und dass sie nach einem anstrengenden Tag für mich da sein will, um mich zu trösten.«

Dieses Ereignis erinnerte mich daran, meine Gefühle bezüglich dessen, was ich gehört habe, auszuklammern, und das Gleiche sollte für Sie gelten, wenn Sie Ihrem Gefährten zuhören.

**Bevor Sie versuchen,
Ihrem Tier-Gefährten zuzuhören,
sollten Sie zu ihm sprechen.**

Grundsätzlich sollten Sie zunächst zu Ihrem Tier sprechen, bevor Sie ihm zuhören.

Vielleicht möchten Sie ihm eine Frage stellen, oder Sie möchten Ihrem Gefährten einfach etwas Wichtiges sagen und dann sehen, wie er reagiert. Denken Sie in jedem Fall an das, was Sie im ersten Teil über das Sprechen mit Tieren gelernt haben: Achten Sie darauf, dass Ihre Botschaften nicht nur klar und positiv formuliert sind, sondern auch mit den Bildern, die Sie vor Ihrem geistigen Auge sehen, übereinstimmen.

Lenken Sie Ihre Aufmerksamkeit in Ihr Herz.

Die meisten von uns scheinen ganz und gar in ihren Köpfen zu leben. Man spürt, wie das Gehirn dort oben förmlich schwirrt vor lauter Aktivität; man sieht, hört, schmeckt und isst allein mit dem Kopf ... Aber Sie werden Ihr Tier *niemals* in Ihrem Kopf hören, sondern allein in Ihrem Herzen.

Oder wie der Autor Kevin Ryerson es einmal formuliert hat: »Gott befindet sich im Herzen des Menschen, und über diesen Weg können wir direkt miteinander kommunizieren.«

Übung 8:

Die Aufmerksamkeit in Ihr Herz lenken

- Machen Sie es sich bequem und atmen Sie einige Male tief ein und aus. Wenn Sie möchten, schließen Sie die Augen.

- Legen Sie Ihre Hand an Ihren Hals.

- Schlucken Sie und konzentrieren Sie sich auf Ihren Hals.

- Bewegen Sie Ihre Hand langsam vom Hals nach unten zu Ihrem Herzen und lenken Sie gleichzeitig auch Ihre Aufmerksamkeit von Ihrem Hals zu Ihrem Herzen.

- Fühlen Sie, wie Ihr Herz schlägt.

- Lenken Sie nun Ihre Aufmerksamkeit an den Ort Ihres Herzens, den ich als den »weichen Punkt« bezeichne. Es ist der Ort, der sich so zart anfühlt, dass er fast schmerzt, wenn Sie daran denken, wie sehr Sie Ihre Tiere lieben; diejenigen, die leben, und sogar diejenigen, die bereits gestorben sind. Manchmal helfen uns gerade die Tiere, die nicht mehr bei uns sind, besonders, diesen weichen Punkt zu erspüren.

Der Schriftsteller Paulo Coelho hat einmal so treffend gesagt, dass unser Herz dort ist, wo unser Schatz ist, und dass wir uns des Ortes bewusst sein sollten, an dem wir in Tränen ausbrechen, da sich dort unser Herz und auch unser Schatz befänden.

Wenn Sie die Übung einige Male durchgeführt haben und in der Lage sind, den weichen Punkt zu erspüren, können Sie auch ohne die Übung direkt zu diesem Ort in Ihrem Herzen gehen.

Kommunizieren Sie mit dem Herzen.

Sie haben jetzt also Ihre Frage gestellt und Ihre Aufmerksamkeit in Ihr Herz gelenkt. Sie befinden sich an dem weichen Punkt Ihres Herzens und nehmen die Worte, Gefühle, Farben oder Bilder wahr, die von dort in Ihren Geist aufsteigen.

Denken Sie an ein rotes Herzsymbol. Versuchen Sie beim Üben dieses Bild im Geist zu bewahren.

Sie können auch an die folgende Vorstellung denken: HÖREN = HERZ.

Lassen Sie die Botschaften kommen – versuchen Sie nicht angestrengt, etwas zu hören. Lehnen Sie sich zurück, entspannen Sie sich, und lassen Sie die Nachrichten sanft in Ihr geöffnetes Herz strömen.

Es ist das Gefühl einer entspannten Erwartung.

*In einem einzigen Moment werden
Sie Worte, Bilder oder Gefühle
wahrnehmen. Denken Sie daran,
dass sie alle wahr sind.*

Sie kommen schnell, so schnell wie ein Geistesblitz.

Passen Sie gut auf, und erhaschen Sie sie.

Wenn Sie den Eindruck haben, dass Sie etwas gehört, gesehen oder gespürt haben, sollten sie daran *glauben*, dass es so war.

Bethann, eine meiner Klientinnen, versuchte mit ihrer engen Gefährtin Dubie, einer süßen Katze, zu kommunizieren. Sie rief mich an, weil es ihr nicht ganz gelang. Ich erklärte ihr, dass sie mit ihrem Herzen zuhören musste. Daraufhin versuchte sie es erneut. Kurze Zeit später rief sie mich wieder an und sagte mir, dass sie sich nach unserem Telefonat zusammen mit Dubie aufs Bett gelegt und eine Hand auf ihr eigenes, die andere auf Dubies Herz gelegt hatte. Sie wollte sichergehen, dass sie von Herz zu Herz miteinander sprachen. Dann fragte sie mich: »Kommen die Worte und Bilder sehr schnell? Kommen sie so schnell, dass man den Eindruck hat, irgendetwas sei vorbeigeschossen, aber man ist sich nicht sicher und hätte es beinahe verpasst?« Ich antwortete begeistert: »Genauso ist es, Bethann. Genauso!«

Bethann klang sehr zufrieden, als sie mit ruhiger Stimme antwortete: »Wenn das der Fall ist, dann habe ich sie gehört.«

***Was auch immer Sie wahrnehmen,
nehmen Sie es an.***

Wenn Sie das, was Sie wahrnehmen, nicht ernst nehmen, laufen die Bemühungen Ihres Tieres, mit Ihnen zu kommunizieren ins Leere, und nach einer Weile gibt es vielleicht auf.

Es ist allerdings wahrscheinlicher, dass es sich weiterhin bemüht, sofern Sie ernsthaft versuchen, es zu verstehen.

Der Häuptling Brave Buffalo vom Standing-Rock-Reservat hat einmal gesagt: »Die Tiere möchten mit dem Menschen reden. Aber es ist nicht Wakan-Tankas [Gottes] Wille, dass sie es auf direkte Weise tun. Der Mensch muss den größeren Teil dazu beitragen, um eine Verständigung zu ermöglichen.«

Übung 9

Die empfangenen Botschaften prüfen

Wenn Sie glauben, dass Sie eine Botschaft empfangen haben, sollten Sie diese sofort notieren, *egal, welchen Inhalt sie hat.* Lesen Sie sich die Botschaft dann laut vor, und stellen Sie sich die folgenden Fragen:

- *Wusste ich dies schon vorher?*
  Möglicherweise wussten Sie es bereits. Vielleicht ist es aber auch überraschend neu für Sie.

- *Klingen die Worte so, als hätte ich selbst sie gesagt?*
  Oder klingen sie anders als Ihre eigenen Worte? Vielleicht klingen sie etwas förmlicher, eloquenter, ernster oder lustiger als etwas, das Sie selbst sagen würden.

- *Habe ich das, was ich gerade gespürt habe, schon einmal empfunden?*
  Oder ist Ihnen das, was Sie bei dem Gespräch mit Ihrem Tier empfunden haben, völlig neu? Vielleicht können Sie

spüren, wie sich die feuchte Erde an den Ballen der Pfoten Ihres Hundes oder Ihrer Katze anfühlt. Möglicherweise können Sie die Angst spüren, die ein Pferd empfindet, wenn es einen Schatten auf dem Weg wahrnimmt.

- *Was für ein Bild habe ich gerade empfangen?*
  Wenn sich in Ihrem Geist ein Bild formiert hat, sollten Sie alles, was Ihnen dazu einfällt, notieren. Rufen Sie sich das Bild noch einmal ins Gedächtnis. Betrachten Sie es von allen Seiten, nehmen Sie jedes Detail wahr und schreiben Sie alles auf.

Diese Übung soll Ihnen helfen, Ihre eigenen Gedanken von denen Ihres Tier-Gefährten zu unterscheiden.

Manche Menschen empfangen Worte,
andere Gefühle oder Farben,
und wieder andere sehen Bilder.

Es kann sein, dass Ihnen ein bestimmtes Gefühl übermittelt wird, aber keine Worte. Das ist völlig in Ordnung. Ich selbst empfange dagegen Worte und Bilder, jedoch keine Gefühle. Der Art und Weise, wie ein Tier etwas sagt, kann ich in der Regel seine Einstellung entnehmen und weiß daher ungefähr, wie es über das Gesagte denkt.

Einer meiner Klienten, der diese Fähigkeit vor kurzem bei sich entdeckt hat, sieht nur Farben; auf irgendeine Weise ist er in der Lage, sie zu interpretieren und seine sechs Hunde dadurch zu verstehen. Wie er das macht, ist mir ein Rätsel.

Ich kenne zwei Menschen, die es sich zum Beruf gemacht haben, die Häuser anderer Leute zu hüten. Sobald sie durch die Tür treten, wissen sie sofort eine Menge über die Tiere, die in dem Haus wohnen. Als ich sie zum ersten Mal dabei beobachtete, war ich sehr beeindruckt. Als ich ihnen sagte, wie toll ich sie fand, antworteten sie: »Aber Judy, wir können längst nicht so gut hören wie du.« Daraufhin sagte ich zu ihnen: »Das braucht ihr auch nicht, ihr *wisst* es einfach.«

Fügen Sie also diese Information Ihrem wachsenden Wissensschatz hinzu. Es kann sein, dass Sie einfach »wissen«, was ein Tier will oder was es Ihnen mitzuteilen versucht. Und das ist etwas sehr Besonderes.

Tipps für eine gelungene Kommunikation

- Ihre ersten Versuche mit dieser neuen Methode werden bessere Ergebnisse bringen, wenn ein anderer Mensch dem Tier, mit dem Sie kommunizieren wollen, die Frage stellt. So können Sie sich besser auf Ihr Herz konzentrieren. Wenn Sie selbst eine Frage formulieren, fällt es Ihnen möglicherweise schwerer, Ihre Aufmerksamkeit vom Kopf zum Herzen zu verlagern.

- Schließen Sie Ihre Augen. So wird es Ihnen leichter fallen, sich auf den Gedanken zu konzentrieren, dass Ihr Tier ein intelligentes Wesen ist.

- Vielleicht möchten Sie eine »Übungsstunde« mit dem Tier eines anderen Menschen ausprobieren. Bitten Sie einen Freund, seinem Tier eine Frage zu stellen. Sie hören einfach zu und erzählen ihm danach alles, was Sie wahrgenommen haben. Wenn Ihr Freund das, was Sie ihm über sein Tier erzählen, schon wusste, Sie jedoch nicht, hurra! Auf diese Weise können Sie sich wirklich bestätigen, dass Sie die Botschaft eines Tieres tatsächlich hören.

**Es ist möglich, dass Sie Ihren
Tier-Gefährten auf Anhieb verstehen.
Denn Sie haben die Fähigkeit dazu
nie verloren.**

Wie ich im Vorwort bereits erwähnt habe, kamen Sie mit der Fähigkeit auf die Welt, auf intuitive Weise zu kommunizieren. Ich bin sicher, dass Sie das eine oder andere Mal schon das Gefühl hatten, etwas im Voraus zu wissen – zum Beispiel, wenn Sie den Telefonhörer abnahmen und genau wussten, wer am anderen Ende der Leitung war. Das ist Intuition. Und ebendiese Fähigkeit nutzen Sie jetzt, um Botschaften von Ihrem Tier-Gefährten zu empfangen.

Diese wertvolle Gabe haben Sie nie verloren – auch wenn es Ihnen so scheint. Sie haben sie nur niemals angewendet, weil unsere Gesellschaft das nicht für notwendig erachtet. Als Sie ein Baby waren, wollte jeder Sie dazu bringen zu sprechen – »sag ›Mama‹, sag ›Papa‹«. Niemand probierte es aus, schweigend mithilfe der Intuition zu kommunizieren, obwohl viele Eltern intuitiv wissen, was ihr Baby will.

Es ist möglich, sich daran zu erinnern, wie man diese Gabe nutzt. Vielleicht wird Ihre Erinnerung daran allein durch das Lesen dieses Buches geweckt!

Vielleicht haben Sie Ihr Tier schon oft gehört und waren sich dessen bloß nicht bewusst.

Meine Klientin Alexis rief mich einmal an, weil sie wissen wollte, ob ihr neuer Hund Destiny sie gerne begleiten würde, um Menschen in einem nahe gelegenen Altersheim aufzumuntern. Ich riet Alexis, ihrem Hund genau zu erklären, was es bedeutet, gebrechliche und manchmal kranke ältere Menschen zu besuchen, und Destiny zu fragen, ob sie das machen wollte. Als sie das getan hatte, vermittelte ihr der Hund die Botschaft, dass er es gerne machen wolle und dass er aus diesem Grund zu Alexis gekommen war. Alexis fand das bemerkenswert, denn sie hatte an dem Tag, als sie Destiny streunend auf der Straße in der Nähe ihres Hauses gefunden hatte, den gleichen Gedanken gehabt.

Dies geschah ungefähr einen Monat nachdem Alexis' Hund Contessa gestorben war. Contessa hatte sie oft ins Altersheim begleitet. Alexis vermisste die gemeinsame Arbeit mit der Hündin, und als sie jetzt hörte, dass Destiny gekommen war, um diese Arbeit fortzusetzen, machte es sie glücklich.

So wie Alexis haben Sie vielleicht auch schon Ideen, Gedanken oder Gefühle von Ihrem Tier empfangen, hatten aber keinen Grund anzunehmen, dass es nicht Ihre eigenen waren.

Als Alexis den streunenden Hund mit zu sich nach Hause nahm, kam ihr der spontane Gedanke, dass es ihm gefallen würde, mit ihr in dem Altersheim zu arbeiten.Woher kam der Gedanke? Sie hatte Destinys Botschaft empfangen, nahm aber wie selbstverständlich an, dass es sich um ihren eigenen Gedanken handelte, der ihr durch den Kopf schoss.

Einige Klienten vereinbaren einen Beratungstermin bei mir, und nach ein oder zwei solchen Terminen rufen sie mich wieder an und sagen ...

»Judy, ich kann sie hören!« Wenn ich das erfahre, fühle ich mich so, als hätte ich im Endspiel der Basketballmeisterschaft den entscheidenden Korb geworfen. Und ich juble »Jaaaaa!«, weil ich gerade für meine Mannschaft gepunktet habe, für die unserer Tier-Gefährten. Dies ist für mich die größte Freude an meiner Arbeit, denn das ist mein Ziel. Ich möchte, dass jeder in der Lage ist, seine eigenen Tier-Gefährten wie auch wilde Tiere zu verstehen.

Frankie rief mich an, weil ihr Labrador Honey den Kot aus dem Katzenklo ihrer Katze fraß. Nachdem ich mir Honeys Gründe dafür angehört hatte, sagte ich Frankie, dass sie ihr erklären solle, warum das nicht in Ordnung sei. Außerdem schlug ich ein paar Veränderungen in der Ernährung des Hundes vor, die unterstützend wirken konnten. Zwei Wochen später rief Frankie mich an und berichtete, dass Honey aufgehört hatte, den Katzenkot zu fressen, aber noch aufregender war für sie die Erkenntnis, dass sie Honey jetzt hören konnte.

Frankie erzählte mir, dass sie mit Honey einen Spaziergang im Wald gemacht hatte. Honey war, wie schon so häufig, weit vorausgelaufen, und das machte Frankie immer sehr nervös. Sie hatte schreckliche Angst, dass Honey nicht zurückkommen würde oder dass sie sich verlaufen könnte. Aber dieses Mal war es anders. Als Frankie den Hund rief, vernahm sie deutlich seine Botschaft: »Mach dir keine Sorgen. Ich bin grad damit beschäftigt, einen Kaninchenbau zu inspizieren.« Als Frankie um die nächste Kurve auf ihrem Weg kam, stieß sie auf Honey, die ihre Nase tief in ein Erdloch gesteckt hatte, das wie der Eingang zu einem Kaninchenbau aussah. Sie war erleichtert, aber vor allem war sie begeistert, dass sie ihren Hund gehört hatte!

Es bedurfte nur einer Beratung, und schon erinnerte sich Frankie an ihre eigene Fähigkeit, intuitiv mit ihrem Tier-Gefährten zu kommunizieren.

Haben Sie Geduld mit sich. Wenn Sie nicht sofort etwas hören, versuchen Sie es weiter.

Es kann sein, dass Sie manchmal etwas wahrnehmen und andere Male gar nichts hören. Manchmal empfangen Sie vielleicht nur Ausschnitte eines Bildes. In diesem Fall sollten Sie nach weiteren Informationen fragen. Vielleicht müssen Sie auch noch andere Bücher zu diesem Thema lesen oder an einem Seminar über intuitive Kommunikation mit Tieren teilnehmen. Es gibt mittlerweile viele Trainer, die solche Seminare anbieten. Sie sollten daran denken, dass dieser Prozess etwas Zeit braucht. Sie haben ja auch nicht von einem Tag auf den anderen gelernt zu laufen. Ich habe zwei Jahre gebraucht, bevor ich Tiere auf Anhieb hören konnte, und ich musste hart daran arbeiten. Möglicherweise müssen Sie etwas an sich selbst arbeiten, so wie ich, um eventuelle Blockaden oder Probleme zu beseitigen, die Sie daran hindern, Ihr Tier zu hören.

Mein Problem war, dass ich mein Herz verschlossen hatte. Ihr Problem kann anders geartet sein. Ihre Schwierigkeiten könnten beispielsweise auf einer Angst beruhen, dass Sie nicht über die Fähigkeit verfügen, intuitiv wahrzunehmen, was ein Tier Ihnen sagt. Sie *verfügen* über diese Fähigkeit!

Es könnte auch sein, dass andere Menschen, vielleicht Mitglieder Ihrer Familie oder Freunde, Ihnen zu verstehen geben, dass es nicht möglich ist, mit Tieren zu kommunizieren, und damit Ihre Überzeugung untergraben. Dies könnte Ihre Erfolge beeinträchtigen. Vertrauen Sie Ihrem eigenen Instinkt und Ihrem Herzen.

Möglicherweise blocken Sie das, was Sie hören, ab, da die intuitive Kommunikation auf subtiler Ebene stattfindet und Sie nicht glauben können, dass sie wirklich möglich ist.

Die intuitive Kommunikation ist dennoch real. Vielleicht glauben Sie, dass Sie mehr darüber lernen müssen und dass Sie ein Zertifikat brauchen, das Ihnen Ihr Können bestätigt. Sie sollten aber immer daran denken, dass Sie mit der Fähigkeit geboren wurden, intuitiv Botschaften von Tieren zu empfangen. Keine Schule der Welt kann Ihnen ein Zertifikat dafür ausstellen.

Sie haben Ihr Zertifikat bereits.

Öffnen Sie sich für Ihre natürliche Begabung.

Es lohnt sich nicht nur deshalb, weil Sie Ihr Tier verstehen werden, sondern auch, weil es Sie persönlich bereichern wird. Als ich an mir selbst gearbeitet habe und mich dafür öffnete, Botschaften meiner Tier-Gefährten zu empfangen, stellte ich fest, dass ich mein Herz auch für viele andere wichtige Aspekte meines Lebens öffnete.

Wenn Sie damit beginnen, die Botschaften Ihrer Tier-Gefährten zu empfangen, sollten Sie sofort auf alles eingehen, was Sie hören.

Wenn Ihr Tier Ihnen beispielsweise die Botschaft vermittelt: »Ich liebe dich«, was würden Sie ihm dann antworten? Sie könnten sagen: »Ich liebe dich auch« oder »Danke, das weiß ich«, oder was Ihnen sonst noch geeignet erscheint.

Vielleicht ist Ihr Gefährte mit Ihrem Vorschlag einverstanden, ein bestimmtes Verhalten zu ändern. Sollten Sie dann gleich zur nächsten Frage übergehen? Nein. Es wäre angemessen zu sagen: »Ich danke dir.« Oder: »Ich bin so froh, dass du mit dieser neuen Regel einverstanden bist.« Oder auch: »Ich weiß das zu schätzen. Das hilft mir sehr.« Aber gehen Sie *niemals* einfach zur nächsten Frage über.

Über Ihrem Erstaunen, dass Sie tatsächlich Botschaften empfangen, könnten Sie nämlich leicht vergessen, auf Ihren Tier-Gefährten einzugehen und ihm Ihre Anerkennung zu zeigen.

Denken Sie daran, dass Sie ein Gespräch führen.

Wenn ein Tier Ihnen eine Botschaft übermittelt, die Sie nicht begreifen, sollten Sie es so lange weiter befragen, bis Sie gut genug verstehen, was es Ihnen zu sagen versucht. Wenn Ihr Tier Ihnen eine Botschaft vermittelt, mit der Sie nicht einverstanden sind, sollten Sie es ihm ebenfalls sagen. Vergessen Sie nicht: Ihr Gespräch ist ein Austausch mit einem intelligenten Wesen. Das macht einen Teil der Freude dabei aus.

Bewahren Sie ein offenes Herz und einen offenen Geist, dann werden Sie mit Erstaunen feststellen, was Sie alles erreichen können, wenn Sie offen mit Ihrem Tier-Gefährten kommunizieren.

Zusammenfassung:

Die Botschaft empfangen

1. Sitzen Sie ruhig bei Ihrem Tier, und entwickeln Sie den ernsthaften Wunsch, es zu hören.
2. Tun Sie so, als wären Sie ein Tier, das versucht, mit einem Menschen zu kommunizieren.
3. Versuchen Sie, eine Botschaft wahrzunehmen.
4. Versuchen Sie, beim Zuhören Ihre eigenen Emotionen auszuklammern.
5. Beginnen Sie damit, zu dem Tier zu sprechen.
6. Lenken Sie Ihre Aufmerksamkeit in Ihr Herz.
7. Nehmen Sie alle Worte, Bilder, Farben oder Gefühle, die Sie wahrnehmen, an.
8. Prüfen Sie, was Sie hören, egal, wie subtil es ist.
9. Lassen Sie anfangs jemand anderen die Fragen stellen, und hören Sie selbst nur zu.
10. Lassen Sie Ihre Augen am Anfang geschlossen, damit der physische Körper des Tieres Sie nicht ablenkt.
11. Geben Sie nicht auf, wenn Sie nicht gleich etwas hören.
12. Gehen Sie auf jede Botschaft des Tieres ein, bevor Sie die nächste Frage stellen.
13. Denken Sie daran, dass das Gespräch ein Austausch ist.
14. Bewahren Sie sich einen offenen Geist und ein offenes Herz.

Fragen und Antworten

Sind alle Tierarten intelligent?
Ja.

Funktioniert die intuitive Kommunikation bei allen Tieren?
Ja, absolut. Ich habe in diesem Buch vorwiegend über Katzen, Hunde und Pferde geschrieben, aber die Kommunikation funktioniert bei jedem Tier, mit dem Sie sprechen wollen, ob es sich nun um Säugetiere, Vögel, Reptilien, Fische oder sogar um Insekten handelt.

Wird mein Tier mir weiterhin zuhören, auch wenn ich es nicht hören kann?
Ja.

Werde ich Verhaltensänderungen bei meinem Tier bemerken, selbst wenn ich keine Botschaften von ihm empfange?
Ja.

Warum sollte ich mit meinem Tier sprechen?
Es gibt sehr viele gute Gründe dafür. Ich will Ihnen nur die wichtigsten nennen:

- Um das Verhalten Ihres Tieres zu verstehen.
- Um eine harmonischere Beziehung zu haben.
- Um drastische Maßnahmen zu vermeiden, die aufgrund eines inakzeptablen Verhaltens des Tieres allzu häufig ergriffen werden. Zum Beispiel, wenn das heiß geliebte Kaninchen eines Kindes weggegeben wird, weil es auf den Teppich pinkelt,

oder wenn ein Hund ins Tierheim gebracht wird, weil er immer wieder aus dem Garten ausbüxt, oder wenn eine Katze eingeschläfert wird, weil sie die Vögel im Garten tötet.

Was ist Intuition?
Intuition ist eine Fähigkeit, über die wir alle verfügen. Sie versetzt uns in die Lage, etwas ohne Worte zu wissen oder zu erspüren. Sie ermöglicht uns ein unmittelbares Verständnis und ein verfeinertes Wahrnehmungsvermögen.

Haben Tiere ein Gedächtnis?
Ja. Sie sollten allerdings daran denken, dass sie stets mit all ihren Sinnen in der Gegenwart leben. Hierin sind sie unsere besten Lehrer.

Dank

Es ist unmöglich, allen zu danken, die an dem Zustandekommen dieses Buches beteiligt waren, doch diese Personen sind die ersten, die mir einfallen ...

Ich danke Sandy für seine Nachsicht, die Opfer, die er gebracht hat, und für seine finanzielle Unterstützung. Für ihre komplexen Persönlichkeiten bedanke ich mich bei den Mitgliedern meiner Tierfamilie: Kiska, Teal, Duke, Henry, Suki und Jupiter, Dinah, Bolo, Grace und Topaz.

Vieles von dem, was ich in diesem Buch geschrieben habe, durfte ich von Penelope Smith lernen. Ich bin ihr dankbar dafür, dass sie mein Gedächtnis angekurbelt hat. Ich bedanke mich auch bei Diane Fisher; ich weiß ihre Hilfe bei der Gestaltung des Buches sehr zu schätzen. Danken möchte ich auch Jennie Dunham, meiner Agentin, für ihren großartigen Einsatz und meinen beiden Lektoren, Brian Tart und Jennifer Dickerson Kasius, für ihre Geduld und ihr Verständnis.

Ein besonderes Lob und großes Dankeschön gehen an Abby Remer für ihre Organisation, ihre positive Energie und vor allem für ihre Tierliebe, die ein hervorragendes Exposé und die Endfassung des Manuskripts ermöglichte. Es waren ihre Beharrlichkeit sowie ihre Zeit und Sorgfalt, die dieses Buch Wirklichkeit werden ließen.

Die Hingabe und Selbstlosigkeit aller Tiere auf diesem Planeten erstaunt mich immer wieder. Ihnen bin ich besonders dankbar.

Ich danke auch meinen vielen Klienten hier und im Ausland, dass sie mir die Möglichkeit geben, mit so vielen der wundersamen Wesen zu kommunizieren, die wir Tiere nennen.

Literaturhinweise

Boone, J. Allen: *Die große Gemeinschaft der Schöpfung.* München 1990.

Huisman, Focco: *Das geheimnisvolle Band. Was wir von Tieren lernen können.* Braunschweig 2000.

Myers, Arthur: *Zwiesprache mit Tieren. Wenn Tiere zu uns sprechen – Animal Communicators berichten.* Stuttgart 2000.

Roads, Michael J.: *Mit der Natur reden. Das verborgene Wissen der Schöpfung.* München 2001.

Sheldrake, Rupert: *Der siebte Sinn der Tiere.* Bern, München, Wien 1999.

Yoder, Susan; Benton, Major: *Delphine. Freunde im Meer.* München 2001.

In der folgenden Zeitschrift finden Sie Kontaktadressen von Menschen, die mit Tieren sprechen, sowie Informationen zu Seminaren über die Kommunikation mit Tieren in zahlreichen Ländern:

Species Link: A Journal of Interspecies Communication
Sie erscheint vierteljährlich bei
Pegasus Publications
P.O. Box 1060
Point Reyes
CA 94956
USA
Tel.: 001-415-663-1247